English G 21

B3

Vokabeltaschenbuch

Cornelsen

Das **Vocabulary** (Vokabelverzeichnis) enthält alle Wörter und Wendungen, die du lernen musst. Sie stehen in der Reihenfolge, in der sie in den Units vorkommen.

So ist das Vocabulary aufgebaut:

- Hier siehst du, wo die Wörter vorkommen.
  p. 54/A 1 = Seite 54, Abschnitt 1
  p. 60/P 2 = Seite 60, Übung 2
- Die Lautschrift zeigt dir, wie ein Wort ausgesprochen und betont wird. (→ Englische Laute: S. 4)
- Eingerückte Wörter lernst du am besten zusammen mit dem vorausgehenden Wort, weil die beiden zusammengehören.
- Diese Kästen solltest du dir besonders gut ansehen.

Unregelmäßige Verben stehen auf den Seiten 54–58. Tipps zum Wörterlernen findest du auf den Seiten 59–62.

p. 54/A 1	(to) **spot (-tt-)** [spɒt]	entdecken	I can't fin
	2 all	2 beide (2:2 unentschieden)	
p. 60/P 2	(to) **score (a goal)** [skɔː], [gəʊl]	ein Tor schießen, einen Treffer erzielen	We won : – Smith ·
	score [skɔː]	Spielstand; Punktestand	

A football match

What's the score now? – 2–0. *(you say: **two nil**)* — Wie steht e:

What was the final score? – Chelsea 2, Arsenal 1. — Wie war der

Our last match was a draw, 2–2. *(you say: **two all**)* — Unser letz

Word field: Sports

EQUIPMENT [ɪ'kwɪpmənt] Ausrüstung — **LO**

skis [skiːz]

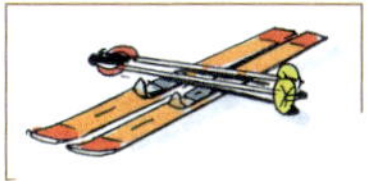

Abkürzungen:

n	= *noun*	*v*	= *verb*
adj	= *adjective*	*adv*	= *adverb*
prep	= *preposition*	*conj*	= *conjunction*
pl	= *plural*	*no pl*	= *no plural*
p.	= page	pp.	= pages
sb.	= somebody	sth.	= something
jn.	= jemanden	jm.	= jemandem
AE	= *American English*	*BE*	= *British English*

infml = *informal* (umgangssprachlich, informell)

Symbole:

! Hier stehen Hinweise auf Besonderheiten, bei denen man leicht Fehler machen kann.

◄► ist das „Gegenteil"-Zeichen: **slow ◄► fast** (**slow** ist das Gegenteil von **fast**)

~ Die **Tilde** in den Beispielsätzen steht für das neue Wort.
Beispiel: **youth** – In her ~ my grandma was very beautiful.

English sounds (Englische Laute)

Die Lautschrift in den eckigen Klammern zeigt dir, wie ein Wort ausgesprochen und betont wird.
In der folgenden Übersicht findest du alle Lautzeichen.

Vokale (Selbstlaute)

[iː]	gr**ee**n	[ɔː]	m**or**ning	[aɪ]	t**i**me
[i]	happ**y**	[uː]	bl**ue**	[ɔɪ]	b**oy**
[ɪ]	**i**n	[ʊ]	b**oo**k	[əʊ]	**o**ld
[e]	y**e**s	[ʌ]	m**u**m	[aʊ]	n**ow**
[æ]	bl**a**ck	[ɜː]	T-sh**ir**t	[ɪə]	h**ere**
[ɑː]	p**a**rk	[ə]	**a** partn**er**	[eə]	wh**ere**
[ɒ]	s**o**ng	[eɪ]	sk**a**te	[ʊə]	t**our**

Konsonanten (Mitlaute)

[b]	**b**ox	[ŋ]	si**ng**	[z]	plea**s**e
[p]	**p**lay	[l]	he**ll**o	[ʃ]	**sh**op
[d]	**d**a**d**	[r]	**r**ed	[ʒ]	televi**s**ion
[t]	**t**en	[w]	**w**e	[tʃ]	tea**ch**er
[g]	**g**ood	[j]	**y**ou	[dʒ]	**G**ermany
[k]	**c**at	[f]	**f**ull	[θ]	**th**anks
[m]	**m**u**m**	[v]	**v**ery	[ð]	**th**is
[n]	**n**o	[s]	**s**ister	[h]	**h**e

Introduction

p. 6 **youth** [juːθ]	Jugend	the time when you are young In her ~ my grandma was very beautiful.
festival ['festɪvl]	Fest, Festival	*French:* le festival

Numbers

Im Englischen steht oft ein **Komma** in Zahlen, die größer als 1 000 sind.

	10,000	= ten thousand
	10,400	= ten thousand four hundred
!	**10.4**	= ten **point** four (*deutsch:* 10,4 = zehn **Komma** vier)
	1,100,000	= one million one hundred thousand
!	**1.1 million**[1]	= one **point** one million (*deutsch:* 1,1 Millionen)

[1] ['mɪljən]

the United Kingdom (UK) [juˌnaɪtɪd 'kɪŋdəm], [ˌjuː 'keɪ]	das Vereinigte Königreich	! **the UK** = Great Britain (England, Scotland, Wales) and Northern Ireland *(Nordirland)*
from **all over** the UK / the world / England	aus dem gesamten Vereinigten Königreich / aus der ganzen Welt / aus ganz England	Madonna is famous **all over** the world. (= auf der ganzen Welt)
kind (of) [kaɪnd]	Art	What ~ **of** music do you like? – Rock music. ! Was für ein Auto ...? = What **kind of** car ...?
national ['næʃnəl]	national, National-	**national** ◄► **international** *French:* national, e

p.7		
classical ['klæsɪkl]	klassisch	Do you like Mozart? – Oh yes! I love ~ music. *French:* classique
concert ['kɒnsət]	Konzert	! Betonung auf der 1. Silbe: **<u>con</u>cert** ['kɒnsət] *French:* le concert
(to) **DJ** ['di: dʒeɪ]	(Musik/CDs/Platten) auflegen *(in der Disko)*	noun: **DJ (disc jockey)** – verb: (to) **DJ**
steel drum [ˌstiːl 'drʌm]	Steeldrum	**steel drums** 
steel [stiːl]	Stahl	
drum [drʌm]	Trommel	! (to) **play <u>the</u> drums** *(pl)* = Schlagzeug spielen
p.7 **fiddle** ['fɪdl] *(infml)*	Fiedel, Geige	**a fiddle**  ! (to) **play <u>the</u> fiddle** = Geige spielen
by the way [ˌbaɪ ðə 'weɪ]	übrigens; nebenbei (bemerkt)	**By the ~**, I've bought a new computer game.
north [nɔːθ]	Norden; nach Norden; nördlich	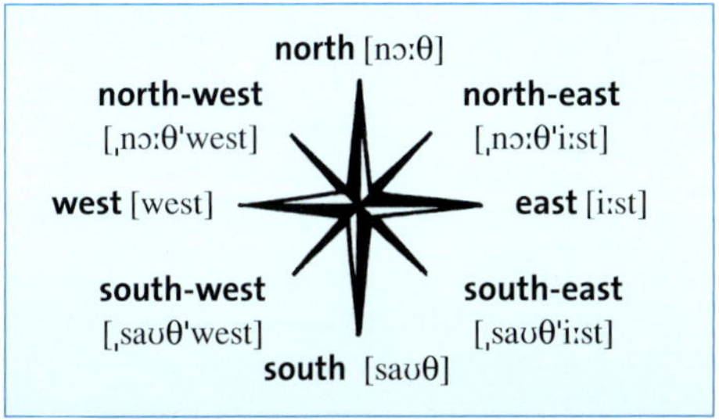

p.8	**hostel** ['hɒstl]	Herberge, Wohnheim	
	boss [bɒs]	Chef/in, Boss	
	gig [gɪg] *(infml)*	Gig, Auftritt	! (to) **do a gig** = einen Auftritt haben, ein Konzert geben
p.9	**mixture** ['mɪkstʃə]	Mischung	
	western ['westən]	westlich, West-	France is one of the biggest countries in ~ Europe.
p.10	**the United States (US)** [juˌnaɪtɪd 'steɪts], [ˌjuː‿'es]	die Vereinigten Staaten (von Amerika)	
	How about ...?	Wie wär's mit ...?	= What about ...?
	workshop ['wɜːkʃɒp]	Workshop, Werkstatt	
	Nice to meet you.	Nett, dich kennenzulernen.	
p.11	**half an hour** [ˌhɑːf‿ən‿'aʊə]	eine halbe Stunde	! Word order: **half <u>an</u> hour – <u>eine</u> halbe Stunde**
	half [hɑːf], *pl* **halves** [hɑːvz]	Hälfte	I felt ill and spent **~** of the day in bed.
	(to) **keep in touch** [tʌtʃ]	in Verbindung bleiben, Kontakt halten	It was nice to meet you. – Yes, let's **keep in ~**.
	Wait and see!	Wart's ab!	What's for dinner this evening? – **Wait and ~!**
	recording [rɪ'kɔːdɪŋ]	Aufnahme, Aufzeichnung	

(to) **go with**	gehören zu, passen zu	The first text **goes** ~ the third picture.
electric [ɪ'lektrɪk]	elektrisch, Elektro-	
flute [flu:t]	Querflöte	
recorder [rɪ'kɔ:də]	Blockflöte	
saxophone ['sæksəfəʊn]	Saxophon	
trombone [trɒm'bəʊn]	Posaune	
trumpet ['trʌmpɪt]	Trompete	

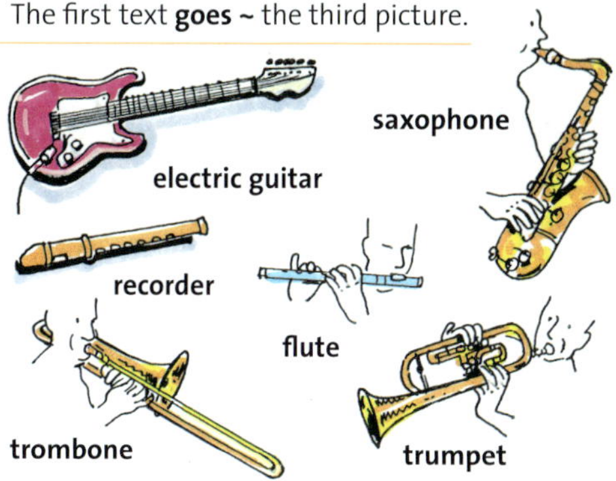

this way	so; auf diese Weise	Eat the right food. **This** ~ you can stay healthy.
way	Art und Weise	A good ~ to make friends is to join a club.

Unit 1: My London

p.12 **capital** ['kæpɪtl]	Hauptstadt	Berlin is the ~ of Germany. *French:* la capitale
PS [ˌpi:‿'es] **(postscript** ['pəʊstskrɪpt]**)**	PS *(Nachschrift unter Briefen)*	
big wheel [wi:l]	Riesenrad	
wheel	Rad	A bike has two **~s.**

high [haɪ]	hoch	What's the **~est** mountain in the world?
sights *(pl)* [saɪts]	Sehenswürdigkeiten	I want to go to London. I want to see the **~**.
parliament ['pɑːləmənt]	Parlament	! Schreibung: **parl<u>ia</u>ment** Betonung auf der 1. Silbe: **<u>par</u>liament** ['pɑːləmənt] *French:* le parlement
sound file ['saʊnd faɪl]	Tondatei, Soundfile	
although [ɔːl'ðəʊ]	obwohl	I went to bed early **~** I wasn't really tired.
royal ['rɔɪəl]	königlich	*French:* royal, e
queen [kwiːn]	Königin	
open-air [ˌəʊpən_'eə]	im Freien; Freilicht-	**~-~** concerts / festivals / theatres
air [eə]	Luft	*French:* l'air *(m)*
(to) **dream (of, about)** [driːm]	träumen (von)	verb: (to) **dream** – noun: **dream**

on („weiter")

You want to be a rock star? **Dream on**!	... Träum weiter!
It started to rain, but we **walked on**.	..., aber wir gingen weiter.
Read on. You'll find the information on the next few pages.	Lies weiter. ...
He stopped talking for a moment. Then he **went on**.	... Dann redete er weiter.

p.13	**natural history** [ˌnætʃrəl 'hɪstri]	Naturkunde	
	dinosaur ['daɪnəsɔː]	Dinosaurier	! Betonung und Aussprache: **dinosaur** ['daɪnəsɔː]
	earthquake ['ɜːθkweɪk]	Erdbeben	
	earth [ɜːθ]	Erde	What's the hottest country on ~? (= auf der Erde)

	trendy ['trendi]	modisch, schick	
	second-hand [ˌsekənd 'hænd]	gebraucht; aus zweiter Hand	! I bought it **second-hand**. = ... aus zweiter Hand
	dish [dɪʃ]	Gericht *(Speise)*	What's your favourite ~? – Spaghetti.
	lamb [læm]	Lamm	! Das „b" wird nicht gesprochen: **lamb** [læm]
	tip [tɪp]	Tipp	

Buildings and places in a town

		In London:
cathedral [kə'θi:drəl]	Kathedrale, Dom	**St. Paul's Cathedral** [sənt 'pɔ:lz]
circus ['sɜ:kəs]	(runder) Platz	**Piccadilly Circus** [ˌpɪkədɪli 'sɜ:kəs]
column ['kɒləm]	Säule	**Nelson's Column** [ˌnelsnz 'kɒləm]
lane [leɪn]	Gasse, Weg	**Brick Lane** [ˌbrɪk 'leɪn]
lock [lɒk]	Schleuse	**Camden Lock** [ˌkæmdən 'lɒk]
palace ['pæləs]	Palast, Schloss	**Buckingham Palace** [ˌbʌkɪŋəm 'pæləs]
square [skweə]	Platz	**Leicester Square** ! [ˌlestə 'skweə] **Trafalgar Square** [trəˌfælgə 'skweə]

p.14/A1	**single (ticket)** ['sɪŋgl]	einfache Fahrkarte *(nur Hinfahrt)*	**single (ticket)** ◄► **return (ticket)**
	Travelcard ['trævlkɑ:d]	Tagesfahrkarte *(der Londoner Verkehrsbetriebe)*	an all-day ticket
	public transport *(no pl)* [ˌpʌblɪk 'trænspɔ:t]	öffentliche Verkehrsmittel, öffentlicher Personennahverkehr	It's cheaper to use ~ **transport** than to go by car. ! Betonung auf der 1. Silbe: **transport** ['trænspɔ:t]
	rush hour ['rʌʃ‿aʊə]	Hauptverkehrszeit	
	zone [zəʊn]	Zone, Bereich	*French:* la zone
	the Tube *(no pl)* [tju:b] *(BE)*	die Londoner U-Bahn	the underground (in London)

	line [laɪn]	(U-Bahn-)Linie	*French:* la ligne
	mom [mɒm, *AE:* mɑːm] *(AE)*	Mama, Mutti; Mutter	= *BE* mum
	eastbound ['iːstbaʊnd]	Richtung Osten	**northbound** **westbound** **eastbound** **southbound**
	(to) **change** [tʃeɪndʒ]	umsteigen	Take the Central Line eastbound and ~ to the Bakerloo Line southbound at Oxford Circus.
	platform ['plætfɔːm]	Bahnsteig, Gleis	The trains to London leave from ~ 3.
	central ['sentrəl]	Zentral-, Mittel-	! Betonung auf der 1. Silbe: **central** ['sentrəl]
p.15/A3	(to) **listen for** sth.	auf etwas horchen, achten	I'm going to have a bath. Can you **listen** ~ the doorbell, please?
	detail ['diːteɪl]	Detail, Einzelheit	! Betonung und Aussprache: **detail** ['diːteɪl]
p.15/A4	**once** [wʌns]	einst, früher einmal	**Once** we wrote letters. Now we send e-mails.
	across [ə'krɒs]	(quer) über	a bridge ~ a river 
p.16/A5	**actually** ['æktʃuəli]	eigentlich; in Wirklichkeit	I wasn't ~ hungry, but I ate the pizza anyway. I'm not American, ~. I'm from Canada.
	mosque [mɒsk]	Moschee	

	special ['speʃl]	besondere(r, s)	I hope your birthday will be a ~ day.
	What's special about ...?	Was ist das Besondere an ...?	**What's ~ about** this place? – It's the oldest pub in Bristol.
	synagogue ['sɪnəgɒg]	Synagoge	! Betonung und Aussprache: **synagogue** ['sɪnəgɒg]
	meal [mi:l]	Mahlzeit, Essen	We like to eat a hot ~ in the evenings.
p.16/A6	**mild** [maɪld]	mild	! Aussprache: **mild** [maɪld]
	spicy ['spaɪsi]	würzig, scharf gewürzt	**spicy ◄► mild**
	nut [nʌt]	Nuss	
	vegetable ['vedʒtəbl]	*(ein)* Gemüse	! **Vegetables are** good for me. = **Gemüse ist** gut ...
	menu ['menju:]	Speisekarte; Menü *(Computer)*	Look! There are 125 different pizzas on the ~. ! Ich nehme das **Menü**. = I'll have the **set meal**.
p.17/A7	**strange** [streɪndʒ]	seltsam, sonderbar; fremd	He looked really ~ in a blouse and skirt. It was a ~ part of town, so I needed a map. *French:* étrange

Word field: Transport

p.20/P2

1 bus stop ['bʌs stɒp]
2 ticket machine ['tɪkɪt məˌʃiːn]
3 bus pass ['bʌs pɑːs]
4 gate [geɪt] Flugsteig
5 taxi ['tæksi]
6 tram [træm]
7 airport ['eəpɔːt]
8 ferry ['feri]

machine [məˈʃiːn]	Maschine, Gerät	*French:* la machine
on foot	zu Fuß	We came here **on ~**. (= We walked here.) ! <u>on</u> **foot** – <u>by</u> **bike/car/train/...** (zu Fuß) (mit dem Rad/Auto/Zug/...)
ground [graʊnd]	(Erd-)Boden	This railway tunnel is 20 metres under the ~. ! <u>Erd</u>boden = **ground** – <u>Fuß</u>boden = **floor**
p.22/P6 **course** [kɔːs]	Kurs, Lehrgang	My mum does an English ~ on Friday evenings. *French:* le cours

Word field: Food

p.24/P10

turkey ['tɜːki] Truthahn, Pute/Puter

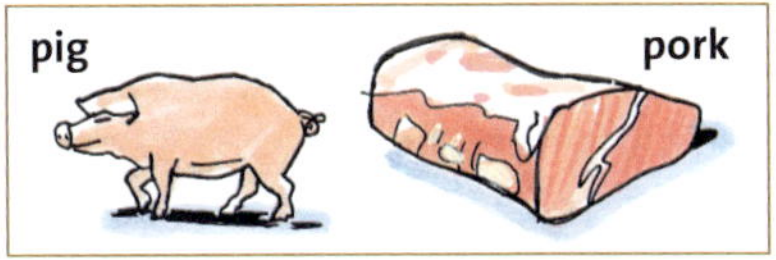

pork [pɔːk] Schweinefleisch

beef [biːf] Rindfleisch

1 **bacon** ['beɪkən] Schinkenspeck

2 **steak** [steɪk]

3 **pea** [piː]

4 **onion** **!** ['ʌnjən]

5 **mushroom** ['mʌʃrʊm, -ruːm]

6 **egg** [eg]

p.24/P11	**What an** interesting life!	Was für ein interessantes Leben!	**!** **What a** nice surprise! = **Was <u>für</u> eine** nette Überraschung!
p.25/P13	**announcement** [ə'naʊnsmənt]	Durchsage, Ansage; Ankündigung, Bekanntgabe	Did she say Gate 15 or 50? I couldn't hear the ~.
p.25/P14	**everyday** *(adj)* ['evrideɪ]	Alltags-; alltägliche(r, s)	Are you going to wear anything special tonight? – No, just my ~ clothes: jeans and a T-shirt.

Only a game

p.26 (to) **work** [wɜːk]	funktionieren	I need your help. My computer doesn't **~**.
helmet ['helmɪt]	Helm	**helmets** 

around

herum... / umher...	We walked **around** till we found a nice café.	herumlaufen, umherspazieren
	It's fun to run and jump **around** in the park after school.	herumrennen; herumspringen
in ... umher, durch	We walked **around** the town and looked at the sights.	in der Stadt umher, durch die Stadt
	They rode their bikes **around** the village.	im Dorf umher, durch das Dorf
um ... (herum)	There was water all **around** them.	ganz um sie herum
	Let's run **around** the lake and see who is fastest.	um den See (herum)
	! *(auch zeitlich:)* I'll see you **around** six.	um sechs Uhr herum, gegen sechs

surprised (at sth.**)** [sə'praɪzd]	überrascht (über etwas)	I was **~ at** the size of their house. It was bigger than I thought.
surprising [sə'praɪzɪŋ]	überraschend, erstaunlich	They played really badly. It's not **~** that they lost. ! It was **surprising**. = Es war überrasch**end**. She was **surprised**. = Sie war überrasch**t**.
(to) **surprise** sb. [sə'praɪz]	jn. überraschen	Don't tell Jo about the party. We want to **~** him. noun: **surprise** – verb: (to) **surprise**

(to) **be allowed to** do sth. [ə'laʊd]	etwas tun dürfen	**Are** you ~ **to** use dictionaries in your English tests?
sign [saɪn]	Schild; Zeichen	The ~ says it's only a mile to the city centre. I'll wait till you give me a ~. Then I'll come.
button ['bʌtn]	Knopf	**buttons**  Which ~ do I push to turn the MP3 player on?
excited [ɪk'saɪtɪd]	aufgeregt, begeistert	**!** It was **exciting**. = Es war aufreg**end**. He was **excited**. = Er war aufgereg**t**.
kind of scary [kaɪnd] *(infml)*	irgendwie unheimlich	**!** **kind of + <u>noun</u>:** What **kind of <u>music</u>** ... = Welche **Art** Musik ... **kind of + <u>adjective</u>:** **kind of <u>scary</u>** = **irgendwie** unheimlich
murder ['mɜːdə]	Mord	
(to) **murder** ['mɜːdə]	(er)morden	(to) kill
murderer ['mɜːdərə]	Mörder/in	**!** Mord = **murder** Mörder/in = **murderer**

p.27	**victim** ['vɪktɪm]	Opfer	
	blood [blʌd]	Blut	
	flower ['flaʊə]	Blume; Blüte	*French:* la fleur  **flowers**
	realistic [ˌriːə'lɪstɪk]	realistisch, wirklichkeitsnah	I want to see all the sights in London. – Be **~**. We've only got two days.
	plug [plʌg]	Stecker	 a German **plug** a British **plug**
	electricity [ɪˌlek'trɪsəti]	Strom, Elektrizität	noun: **electricity** – adjective: **electric** *French:* l'électricité *(f)* – électrique
	flash [flæʃ]	Lichtblitz	
	close (to) [kləʊs]	nahe (bei, an)	It's not far. The café is very **~ to** our home.
	shadow ['ʃædəʊ]	Schatten	I woke up and saw the **~** of a man on the wall. 
	(to) **appear** [ə'pɪə]	erscheinen, auftauchen	(to) **appear** ◄► (to) **disappear**

knife [naɪf], *pl* **knives** [naɪvz]	Messer	! Stummes „k“: **knife** [naɪf]
p.28 **light** [laɪt]	Licht	
we know **what to do**	wir wissen, was wir tun müssen; wir wissen, was zu tun ist	= we know what we have to do
whistle ['wɪsl]	(Triller-)Pfeife; Pfiff	verb: (to) **whistle** – noun: **whistle**
ending ['endɪŋ]	Ende, (Ab-)Schluss *(einer Geschichte, eines Films usw.)*	Not every story can have a happy **~**.
in my/your view [vjuː]	meiner/deiner Ansicht nach	She doesn't like rap but **in my ~** it's fantastic.

How am I doing?

p.29 **How am I doing?**	Wie komme ich voran? *(Wie sind meine Fortschritte?)*	
area ['eəriə]	Bereich; Gebiet, Gegend	Grammar is my problem **~**. I live in an **~** with a lot of restaurants.
fact [fækt]	Tatsache, Fakt	I've found lots of interesting **~s** for my essay on the Music for Youth Festival. *French:* le fait

Unit 2: Island girl

p.30 **salmon** ['sæmən], *pl* **salmon** — Lachs

! Stummes „l“:
salmon ['sæmən]

oil [ɔɪl] — Öl

huge [hju:dʒ] — riesig, sehr groß

big – large – huge

big / large	**big** und **large** sind oft austauschbar.	a **big/large** family; a **big/large** house
	big ist umgangssprachlicher als **large**, daher solltest du in eher förmlichen Texten besser **large** schreiben.	
	large wird in der Regel nicht verwendet, um Menschen zu beschreiben.	a very **big** man
huge	**huge** bedeutet „riesig“, „sehr groß“.	a **huge** suitcase

rock [rɒk] — Fels, Felsen

rocks

	farmer ['fɑːmə]	Bauer/Bäuerin, Landwirt/in; (Fisch-)Züchter/in	
p.32/A1	**electronic** [ɪˌlek'trɒnɪk]	elektronisch	*French:* électronique
	media *(pl)* ['miːdiə]	Medien	It's faster to use ~ like the phone or e-mail than to write letters.
	lonely ['ləʊnli]	einsam	I felt a bit ~, alone in the big house.
	great-grandmother/-father	Urgroßmutter/-vater	
	post [pəʊst]	Post *(Briefe, Päckchen, ...)*	! die Post, das Postamt = the **post office**
	once [wʌns]	einmal	
	twice [twaɪs]	zweimal	! **once** (1x) – **twice** (2x) – **three times** (3x)
	(once/twice) **a** week	(einmal/zweimal) pro Woche	Our band practises **once ~ week**.
	(to) **imagine** sth. [ɪ'mædʒɪn]	sich etwas vorstellen	*French:* imaginer
	instant messages *(pl)* [ˌɪnstənt 'mesɪdʒɪz]	*Nachrichten, die man im Internet austauscht (in Echtzeit)*	
	message ['mesɪdʒ]	Nachricht	
	text message ['tekst ˌmesɪdʒ]	SMS	*French:* le texto, le SMS
	(to) **text** sb. [tekst]	jm. eine SMS schicken	Have a good trip. And ~ me when you get there.
p.32/A2	**mate** [meɪt] *(infml)*	Freund/in, Kumpel	a good friend

	personal ['pɜːsənl]	persönliche(r, s)	*French:* personnel, le
	ringtone ['rɪŋtəʊn]	Klingelton	
	(to) **mix** [mɪks]	mischen, mixen	If you ~ blue and yellow, you get green.
p.33/A3	(to) **take** [teɪk], **took** [tʊk], **taken** ['teɪkən]	dauern, *(Zeit)* brauchen	It **~s** about 15 minutes to get home from here. How long does the journey to Lyness ~?
	(to) **pick** sb. **up** [ˌpɪk‿'ʌp]	jn. abholen	We can ~ you **up** at the station. **!** (to) **pick sb. up** = jn. abholen (to) **pick sth. up** = etwas aufheben, hochheben
	timetable ['taɪmteɪbl]	Fahrplan	
	arrival (arr) [ə'raɪvl]	Ankunft	verb: (to) **arrive** – noun: **arrival** *French:* arriver – l'arrivée *(f)*
	departure (dep) [dɪ'pɑːtʃə]	Abfahrt, Abflug; Abreise	**arrival ◄► departure** *French:* le départ
	until [ən'tɪl]	bis	= till
p.33/A5	**from** Monday **to** Friday	von Montag bis Freitag	
	ceilidh ['keɪli]	*Musik- und Tanzveranstaltung, vor allem in Schottland und Irland*	
p.34/A6	**type** [taɪp] *(infml)*	Typ	*French:* le type
	(to) **go well**	gut (ver)laufen, gutgehen	Was the test difficult? – Yes, but it **went ~**.
	(to) **be able to** do sth. ['eɪbl]	etwas tun können; fähig sein/ in der Lage sein, etwas zu tun	Sarah **wasn't ~ to** come to my party last Friday. (= Sarah **couldn't** come ...)

„können“ und „dürfen“

Du kennst bereits **can** für „können“ und **can** und **may** für „dürfen“:

Ananda **can** play hockey very well.	Ananda kann sehr gut Hockey spielen.
You **can/may** go to the disco, but please be home at 10.	Du darfst in die Disko gehen, ...

Wenn es um die **Vergangenheit** oder die **Zukunft** geht, verwende

- für **„können“** eine Form von **be able to** und
- für **„dürfen“** eine Form von **be allowed to**.

(to) **be able to**:	The museum was closed on Friday, but we **were able to** go on Saturday.[1]	..., aber wir konnten am Samstag hingehen.
	I **won't be able to** meet you tomorrow.	Ich werde dich morgen nicht treffen können.
(to) **be allowed to**:	**Were** you **allowed to** watch the film last night?	Durftest du den Film gestern Abend sehen?
	When I'm 18 I**'ll be allowed to** drive.	Wenn ich 18 bin, werde ich Auto fahren dürfen.

[1] Es gibt auch eine Vergangenheitsform **could** („konnte“): It was so dark that we **couldn't** really see the sea.

rucksack ['rʌksæk]	Rucksack	! Aussprache: **rucksack** ['rʌksæk]
not even	(noch) nicht einmal	I won't tell anybody, **not** ~ my best friend. ! • He **even** opened the letter. = Er hat den Brief **sogar** geöffnet! • He **didn't even** open the letter. = Er hat den Brief **nicht einmal** geöffnet!

(to) **expect** [ɪk'spekt]	erwarten	How many guests are you **~ing** to your party?
ponytail ['pəʊniteɪl]	Pferdeschwanz *(Frisur)*	a **ponytail** 
p.35/A8 **upset (about)** [ˌʌp'set]	aufgebracht, gekränkt, mitgenommen (wegen)	John was ~ because his sister didn't remember his birthday.
(to) **upset** sb. **(-tt-)** [ʌp'set], **upset, upset**	jn. ärgern, kränken, aus der Fassung bringen	It **~s** me when people are rude to me. The bad news about her father ~ her a lot.
beauty ['bjuːti]	Schönheit	adjective: **beautiful** – noun: **beauty**
(to) **call** sb. **names**	jn. mit Schimpfwörtern hänseln, jm. Schimpfwörter nachrufen	He felt upset because the other kids always **~ed him names** like Carrot-Nose or Rabbit-Ears.
(to) **let** sb. **do** sth. **(-tt-)** [let]**, let, let**	jm. erlauben, etwas zu tun; zulassen, dass jd. etwas tut	My parents never ~ me watch late films. You look hungry. **Let** me make you a sandwich.
you **would** ... [wəd, wʊd]	du würdest ...	I don't want to leave my hometown. I ~ miss all my friends.
stupid ['stjuːpɪd]	blöd, dumm	*French:* stupide
bully ['bʊli]	(Schul-)Tyrann	verb: (to) **bully** – noun: **bully**

(to) **forget (-tt-)** [fəˈget], **forgot** [fəˈgɒt], **forgotten** [fəˈgɒtn]	vergessen	Tomorrow is Grandpa's birthday. Don't ~ it! (to) **forget** ◄► (to) **remember**
just [dʒʌst]	einfach	I ~ can't find my keys. Do you know where I put them?

just

They call you names? **Just** don't listen to them.	... Hör **einfach** nicht hin.
It's **just** a game.	Es ist **nur/bloß** ein Spiel.
They're **just** leaving. / They've **just** left.	Sie gehen **gerade**. / Sie sind **gerade (eben)** gegangen.
Just then the phone rang.	**Genau in dem Moment / Gerade dann** klingelte das Telefon.
You look **just like** your mother.	Du siehst **genau wie** deine Mutter aus.

p.35/A 9	**feeling** [ˈfiːlɪŋ]	Gefühl	verb: (to) **feel** – noun: **feeling**
	entry [ˈentri]	Eintrag, Eintragung *(in Wörterbuch/Tagebuch)*	I've got a new dictionary. It has 200,000 **entries**. There's no ~ in Jane's diary for 12th June.
	above [əˈbʌv]	oben; über, oberhalb (von)	First look at the pictures ~. ↑ We live on a hill ~ the city.
	below [bɪˈləʊ]	unten; unter, unterhalb (von)	Then look at the chart ~. ↓ I don't like the Tube. I feel scared ~ ground.

translation [træns'leɪʃn]	Übersetzung	
(to) **translate** [træns'leɪt]	übersetzen	We had to ~ the text from English into German.
meaning ['mi:nɪŋ]	Bedeutung	verb: (to) **mean** – noun: **meaning**
correct [kə'rekt]	korrekt, richtig	verb: (to) **correct** – adjective: **correct** *French:* corriger – correct, e

Word field: Town and country

p.38/P1

hilly ['hɪli] hügelig

bay [beɪ] Bucht

coast [kəʊst] Küste

canal [kə'næl]

car park ['kɑ: pɑ:k]

a **busy** street

busy ['bɪzi] belebt, verkehrsreich; hektisch

p.38/P3 **stress** [stres]	Betonung	

p.39/P4	**structure** ['strʌktʃə]	Struktur; Gliederung	! Betonung und Aussprache: **<u>struc</u>ture** ['strʌktʃə] *French:* la structure
	(to) **be called** [kɔːld]	heißen, genannt werden	Why **is** that rock ~ 'The Old Man of Hoy'?
	statement ['steɪtmənt]	Aussage, Feststellung	I'm afraid I don't agree with that ~.
p.41/P9	**role** [rəʊl]	Rolle	What's your ~ in the play? – I'm the detective. *French:* le rôle
p.41/P10	**million** ['mɪljən]	Million	! one **million** cars (eine Million Autos) – two **million** cars (zwei Million<u>en</u> Autos) *But:* **million<u>s</u> of** cars (Millionen von Autos) *French:* le million
p.42/P12	**kilometre (km)** ['kɪləmiːtə]	Kilometer	1,000 metres = 1 ~ *French:* le kilomètre
	centimetre (cm) ['sentɪmiːtə]	Zentimeter	100 **~s** = 1 **metre** *French:* le centimètre

Orkney Star

p.44	**once more / once again**	noch einmal	The film was fantastic. I'd like to see it **once ~**.
	a **cup of** tea [kʌp]	eine Tasse Tee	
	you	man	How do ~ say 'once more' in German? (= Wie sagt man ...?)

(to) **hit the windscreen** ['wɪndskriːn]	gegen/auf die Windschutzscheibe schlagen/prallen	 A stone **~ the windscreen**.
Assembly [ə'sembli]	Versammlung *(morgendliche Schulversammlung, oft mit Andacht)*	
head teacher [ˌhed 'tiːtʃə]	Schulleiter/in	
(to) **believe** [bɪ'liːv]	glauben	That can't be true! I don't ~ it.
you **might** need help [maɪt]	du könntest (vielleicht) Hilfe brauchen	If you wait outside Buckingham Palace, you ~ see the Queen.
we **could ...** [kəd, kʊd]	wir könnten ...	**!** we **could** = **1.** wir konnten; **2.** wir könnten
hairdresser ['heədresə]	Friseur/in	

at the hairdresser's / to the doctor's / ...

Wenn der **Ort** gemeint ist, an dem jemand seinen Beruf ausübt – z.B. ein Friseurgeschäft oder eine Arztpraxis – wird oft der ***s*-Genitiv** benutzt:

My father is **at the hairdresser's**.	Mein Vater ist beim Friseur.
She felt ill and went **to the doctor's**.	Sie fühlte sich krank und ging zum Arzt.
I met Grandpa **at the chemist's** this morning.	Ich habe Opa heute Morgen beim Apotheker getroffen.

p.45	(to) **cut (-tt-)** [kʌt], **cut, cut**	schneiden	
	(to) **blow** [bləʊ], **blew** [bluː], **blown** [bləʊn]	wehen, blasen	
	across [ə'krɒs]	hinüber, herüber	Look at that river. How can we get ~?
	anorak ['ænəræk]	Anorak, Windjacke	*French:* l'anorak *(m)*
	(to) **begin (-nn-)** [bɪ'gɪn], **began** [bɪ'gæn], **begun** [bɪ'gʌn]	beginnen, anfangen (mit)	It's time to ~. (= to start) (to) **begin** ◄► (to) **stop**
p.46	**clone** [kləʊn]	Klon	
	jealous (of) ['dʒeləs]	neidisch (auf); eifersüchtig (auf)	You get so much pocket money! I'm really ~. Sarah is ~ **of** her baby brother. She thinks her parents love him more.
	stew [stjuː]	Eintopf(gericht)	
	community hall [kə'mjuːnəti]	Gemeinschaftshalle, -saal, Gemeindehalle, -saal	
	(to) **grab (-bb-)** [græb]	schnappen, packen	I was late, so I **grabbed** my school bag and ran to the station.

How am I doing?

p.47	(to) **look** sth. **up** [ˌlʊk‿ˈʌp]	etwas nachschlagen	**Look ~** the meaning of 'stew' in your dictionary. Can you **look ~** his new phone number for me?

Unit 3: World of sport

p.52	**final** ['faɪnl]	Finale, Endspiel	**!** Betonung und Aussprache: **final** ['faɪnl]
	final ['faɪnl]	letzte(r, s); End-	The hero saved the girl in the ~ minute of the film. *French:* final, e
	semi-final [ˌsemi'faɪnl]	Halbfinale	
	training session ['seʃn]	Trainingsstunde, -einheit	
p.53	(to) **be interested (in)** ['ɪntrəstɪd]	interessiert sein (an), sich interessieren (für)	**!** an **interesting** CD = eine interessante CD I'm **interested** in music. = Ich interessiere mich für Musik.
	bedspread ['bedspred]	Tagesdecke	
	curtain ['kɜːtn]	Vorhang	

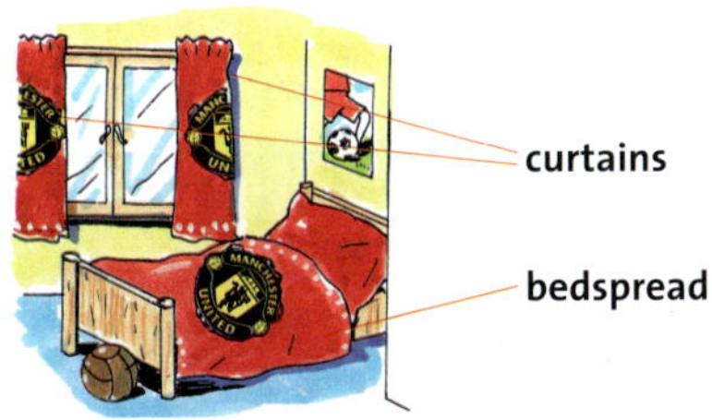

furniture *(no pl)* [ˈfɜːnɪtʃə]	Möbel	! Die **Möbel** sind neu. = The **furniture** is new. (*Never:* The ~~furnitures are~~ new.) ein Möbel(stück) = **a piece of furniture**

Words without a plural: furniture, hair, information, news, ...

This new **furniture is** very nice. **Was it** expensive?	**Diese** neuen **Möbel sind** sehr hübsch. **Waren sie** teuer?
I think your **hair is** too long. Why don't you cut **it**?	... deine **Haare sind** zu lang. Warum schneidest du **sie** nicht?
That's too much **homework**.	**Das sind** zu viele **Hausaufgaben**.
All **this information is** very interesting.	All **diese Informationen sind** sehr interessant.
OK, **that's** the bad **news**. And what **is** the good **news**?	OK, **das ist/sind** die schlechte(n) **Nachricht(en)**. Und was **ist/sind** die gute(n) **Nachricht(en)**?

p.54/A1	(to) **train** [treɪn]	trainieren	*French:* entraîner
	supporter [səˈpɔːtə]	Anhänger/in, Fan	
	(to) **support** a team [səˈpɔːt]	eine Mannschaft unterstützen; Fan einer Mannschaft sein	Which football team do you **~**? – Manchester United.
	(to) **spot (-tt-)** [spɒt]	entdecken	I can't find my key. If you **~** it, please tell me.
	draw [drɔː]	Unentschieden	I'm a bit upset that we didn't win, but at least it was a **~**.
	2 all	2 beide (2:2 unentschieden)	

(to) **score (a goal)** [skɔː], [gəʊl]	ein Tor schießen, einen Treffer erzielen	We won 3–2. – Oh, great! Who **~d**? – Smith **~d** all three **~s**.
score [skɔː]	Spielstand; Punktestand	
goal [gəʊl]	Tor *(im Sport)*	

A football match

What's the score now? – 2–0. *(you say:* ***two nil****)*	Wie steht es jetzt? – 2:0.
What was the final score? – Chelsea 2, Arsenal 1.	Wie war der Endstand? – 2:1.
Our last match was a draw, 2–2. *(you say:* ***two all****)*	Unser letztes Spiel war ein Unentschieden, 2:2.

coach [kəʊtʃ]	Trainer/in	
atmosphere ['ætməsfɪə]	Atmosphäre	**!** Betonung und Aussprache: **atmosphere** ['ætməsfɪə] *French:* l'atmosphère *(f)*
leotard ['liːətɑːd]	Gymnastikanzug; Turnanzug	a **leotard**
tights *(pl)* [taɪts]	Strumpfhose	**tights**
p.55/A4 **exchange student** [ɪks'tʃeɪndʒ ˌstjuːdnt]	Austauschschüler/in	

	(to) **enter** ['entə]	betreten; eintreten (in)	 (to) **enter** a room ◄► (to) **leave** a room
	bad timing ['taɪmɪŋ]	schlechtes Timing	
	appetite ['æpɪtaɪt]	Appetit	**!** Manchmal sagt man **Enjoy!**, wenn man gemeinsam isst. Aber nie ~~Good appetite~~!
	(to) **refer to (-rr-)** [rɪ'fɜː]	sich beziehen auf	This question **~s to** line 12 on page 46.
p.56/A5	**whole** [həʊl]	ganze(r, s), gesamte(r, s)	the ~ day = all day
	artist ['ɑːtɪst]	Künstler/in	**!** **artist** = Künstler/in (*nicht:* ~~Artist/in~~) Betonung auf der 1. Silbe: **<u>ar</u>tist** ['ɑːtɪst] *French:* l'artiste *(m, f)*
	stadium ['steɪdiəm]	Stadion	
	(to) **make a deal** [diːl]	ein Abkommen/eine Abmachung treffen	Help me with my Maths, and I'll help you with English. – OK, it's a **deal**! (= Abgemacht!)
	(to) **paraphrase** ['pærəfreɪz]	umschreiben, anders ausdrücken	*French:* paraphraser

	general ['dʒenrəl]	allgemeine(r, s)	! Betonung auf der 1. Silbe: **<u>gen</u>eral** ['dʒenrəl] *French:* général, e
p.57/A8	(to) **beat** [bi:t], **beat, beaten** ['bi:tn]	schlagen; besiegen	I ~ my brother at tennis last Sunday.
	cup [kʌp]	Pokal	
	win [wɪn]	Sieg	verb: (to) **win** – noun: **win**
	in the end	schließlich, zum Schluss	No bus came, so **in the ~** we walked home. ! **<u>at</u> the end** of the lesson = am Ende / am Schluss der Stunde
	half-time [ˌhɑ:f 'taɪm]	Halbzeit(pause)	the break between the first and the second half of a match ! the first **half** = die erste Halbzeit
	goalkeeper ['gəʊlki:pə]	Torwart, Torfrau	
	shot [ʃɒt]	Schuss	

p.60/P1	**difference** ['dɪfrəns]	Unterschied	! Betonung auf der 1. Silbe: **<u>dif</u>ference** ['dɪfrəns] adjective: **different** – noun: **difference** *French:* différent, e – la différence

Word field: Sports

p. 60/P 2

EQUIPMENT [ɪ'kwɪpmənt] Ausrüstung

skis
[ski:z]

table tennis bat
[bæt]

badminton racket
['rækɪt]

running shoes

LOCATION [ləʊ'keɪʃn] (Einsatz-)Ort, Platz

ski slope
[sləʊp] Skipiste

sports hall

court
[kɔ:t] Platz, Court

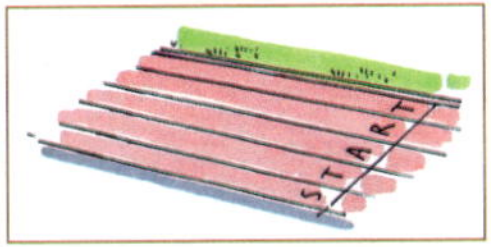

running track
[træk] Laufbahn

Word field: Sports

EQUIPMENT

swimming trunks *(pl)* [trʌŋks] Badehose / **swimsuit** ['swɪmsuːt] Badeanzug

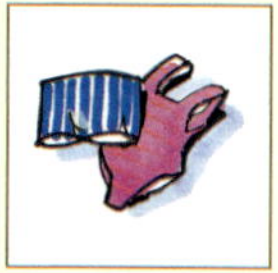

saddle ['sædl]

helmet, pads [pædz] (Knie- usw.)Schützer

helmet, pads Schulterpolster

LOCATION

(swimming) pool

bridle path ['braɪdl pɑːθ] Reitweg

half-pipe ['hɑːfpaɪp]

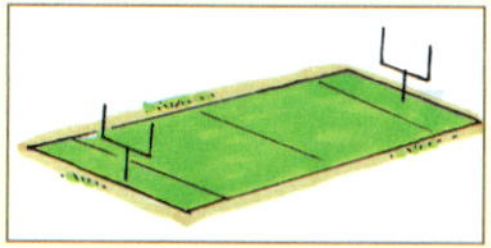

field

p.62/P7	**pepper** ['pepə]	Pfeffer	
	salt [sɔ:lt]	Salz	**salt** and **pepper**  *French:* le sel, le poivre
p.64/P10	**order** ['ɔ:də]	Reihenfolge	*French:* l'ordre *(m)*
	(to) **end** [end]	enden; beenden	The road **~s** here. We'll have to walk now. A hot bath is a good way to ~ the day.
p.65/P13	**about yourself** [jə'self, jɔ:'self]	über dich selbst	

Who needs legs?

p.66	**only** ['əʊnli]	erst	I'm not sixteen, I'm ~ fourteen. ! **only** = **1.** nur, bloß; **2.** erst
	(to) **grow up** [ˌgrəʊ‿'ʌp], **grew up** [ˌgru:‿'ʌp], **grown up** [ˌgrəʊn‿'ʌp]	erwachsen werden; aufwachsen	Dave wants to be a doctor when he **~s up**. When my grandparents were **~ing up**, they had no television.
	onto ['ɒntə, 'ɒntʊ]	auf (... hinauf)	The cat saw the dog and jumped ~ the table.
	(to) **take a ride**	eine Fahrt machen	
	ambulance ['æmbjələns]	Krankenwagen	! Betonung und Aussprache: **ambulance** ['æmbjələns] *French:* l'ambulance *(f)*

athletics [æθ'letɪks]	Leichtathletik	I'm an ~ fan, I love sports like running and jumping. *French:* l'athlétisme *(m)*
medal ['medl]	Medaille	! Betonung auf der 1. Silbe: **medal** ['medl] *French:* la médaille
(to) **draw** [drɔː], **drew** [druː], **drawn** [drɔːn]	zeichnen	I'll ~ a little map to help you find my flat.
p.104 (to) **fight (for)** [faɪt], **fought** [fɔːt], **fought**	kämpfen (für, um)	Nathan had to ~ **for** his life after his accident.
operation (on) [ˌɒpə'reɪʃn]	Operation (an)	He had an ~ **on** his knee after he was hurt in the match. *French:* l'opération *(f)*
artificial [ˌɑːtɪ'fɪʃl]	künstlich, Kunst-	Are those flowers real or ~? ~ legs („Beinprothesen") *French:* artificiel, le
sledge [sledʒ]	Schlitten	a **sledge**
disabled [dɪs'eɪbld]	(körper)behindert	
talent ['tælənt]	Talent, Begabung	! Betonung auf der 1. Silbe: **talent** ['tælənt] *French:* le talent
championship ['tʃæmpiənʃɪp]	Meisterschaft	*French:* le championnat
(to) **represent** [ˌreprɪ'zent]	repräsentieren, vertreten	There were groups from all over Europe at the festival. A group from Frankfurt **~ed** Germany. *French:* représenter

the Commonwealth ['kɒmənwelθ]	*Gemeinschaft der Länder des ehemaligen Britischen Weltreichs*
Paralympics [ˌpærə'lɪmpɪks]	*olympischer Wettkampf für Behindertensportler/innen*

Unit 4: Growing up in Canada

p. 68	(to) **date** sb. [deɪt]	mit jm. (aus)gehen; sich (regelmäßig) mit jm. treffen	Dad **~d** Mum for years before they got married.
	movie ['mu:vi]	Film	film
	population [ˌpɒpju'leɪʃn]	Bevölkerung, Einwohner(zahl)	With a ~ of 2.5 million, Toronto is Canada's largest city. *French:* la population
	square km **(sq** km**)** [skweə]	Quadratkilometer	
	minus ['maɪnəs]	minus	**!** Aussprache: **minus** ['maɪnəs]
	plus [plʌs]	plus	
	Celsius (C) ['selsiəs]	Celsius	22 °**C** = 22 degrees **Celsius**
p. 69	**sleepover** ['sli:pəʊvə]	Schlafparty	
	real late *(AE, infml)*	wirklich spät, richtig spät	= really late
	outdoor ['aʊtdɔ:]	im Freien, Außen-	~ activities; an ~ swimming pool („Freibad")

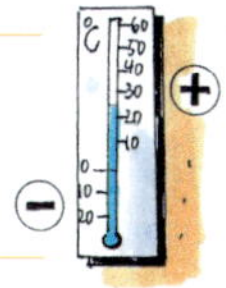

(to) **hunt** [hʌnt]	jagen	Do people still ~ lions in Africa?
snowshoeing ['snəʊʃuːɪŋ]	Schneeschuhwandern	two pairs of **snowshoes** 
(to) **canoe** [kə'nuː]	paddeln, Kanu fahren	

Verbs and nouns with the same form

(to)	**canoe**	paddeln, Kanu fahren	(to)	**date**	mit jm. (aus)gehen	(to)	**hunt**	jagen
	canoe	Kanu, Paddelboot		**date**	Date, Verabredung		**hunt**	Jagd
(to)	**colour**	kolorieren, färben; bunt an-, ausmalen	(to)	**drive**	*(Auto)* fahren	(to)	**link**	verbinden, verknüpfen
	colour	Farbe		**drive**	(Auto-)Fahrt		**link**	Verbindung, Verknüpfung
(to)	**cook**	kochen	(to)	**fish**	fischen, angeln	(to)	**sleep**	schlafen
	cook	Koch/Köchin		**fish**	Fisch		**sleep**	Schlaf

p.70/A1

(to) **turn** sth. **up/down** [tɜːn]	etwas lauter/leiser stellen	Can you ~ **down** that music? It's too loud.
lyrics *(pl)* ['lɪrɪks]	Liedtext(e), Songtext(e)	I like this song. What do the ~ mean in German?
easy-going [ˌiːzi'gəʊɪŋ]	gelassen, locker	
strict [strɪkt]	streng	Peter isn't allowed to watch TV after 8 o'clock. His parents are very ~ about that.

(to) **waste** sth. **(on)** [weɪst]	etwas verschwenden, vergeuden (für)	'Don't ~ your time and money **on** computer games,' my dad said.
latest ['leɪtɪst]	neueste(r, s)	The Kooks are great. Have you heard their ~ CD?
cellphone ['selfəʊn] *(AE)*	Handy, Mobiltelefon	= *BE* mobile (phone) 
adult ['ædʌlt]	Erwachsene(r)	Children pay 50 p, **~s** £ 1.50.
old-fashioned [ˌəʊld'fæʃnd]	altmodisch	
modern ['mɒdən]	modern	! Betonung auf der 1. Silbe: **modern** ['mɒdən] **modern** ◄► **old-fashioned** *French:* moderne
(to) **laugh at** sb.	jn. auslachen, über jn. lachen	The other kids **~ed** ~ Jennifer because she had a funny accent.
(to) **hang out** [ˌhæŋ_'aʊt], **hung** [hʌŋ], **hung** *(infml)*	rumhängen, abhängen	
p. 71/A 3 **(shopping) mall** [mɔːl]	*(großes)* Einkaufszentrum	a big shopping centre
by ten o'clock	bis (spätestens) zehn Uhr	Please be home ~ ten. (= not later than ten)
cabin ['kæbɪn]	Hütte	

German „bis“

until / till („bis“)

I can stay up **until / till** eleven o'clock tonight.
We lived in Scotland **until / till** I was 12.

from ... to („von ... bis“)

We're open **from** Mondays **to** Saturdays.

by („bis spätestens“, „nicht später als“)

We need your report **by** Friday (= on or before Friday).
You must be home **by** 5.30 (= at or before 5.30).

not ... until / not ... till	erst (um); nicht vor	! • The guests did**n't** leave **until/till** 3 am. Die Gäste gingen **erst um** 3 Uhr morgens. • I wo**n't** arrive **until/till** Monday night. Ich werde **erst** Montagnacht ankommen. / Ich werde **nicht vor** Montagnacht ankommen.
guys *(pl)* [gaɪz] *(AE, infml)*	Leute	
p.72/A6 **province** ['prɒvɪns]	Provinz	! Betonung auf der 1. Silbe: **province** ['prɒvɪns] *French:* la province
traditional [trə'dɪʃənl]	traditionell	*French:* traditionel, le

(to) **protect** sb. **(from)** [prə'tekt]	jn. (be)schützen (vor)	Wear a hat. It will ~ you **from** the sun. *French:* protéger

Reflexive pronouns (Reflexivpronomen)

I've hurt **myself**.	Ich habe	**mir**	wehgetan /	**mich**	verletzt.
You've hurt **yourself**.	Du ...	**dir**	... /	**dich**	...
He's hurt **himself**.	Er ...	**sich**	... /	**sich**	...
She's hurt **herself**.	Sie ...	**sich**	... /	**sich**	...
It's hurt **itself**.	Es ...	**sich**	... /	**sich**	...
We've hurt **ourselves**.	Wir ...	**uns**	... /	**uns**	...
You've hurt **yourselves**.	Ihr ...	**euch**	... /	**euch**	...
They've hurt **themselves**.	Sie ...	**sich**	... /	**sich**	...

! Aussprache/Betonung:
-self [-'self]
-selves [-'selvz]

attack [ə'tæk]	Angriff	How can I protect my computer from virus ~**s**? *French:* l'attaque *(f)*
(to) **attack**	angreifen	If somebody ~**s** us, we have to protect ourselves. *French:* attaquer
exactly [ɪg'zæktli]	genau	You mean that man is a thief? – **Exactly**. *French:* exactement

	argument ['ɑ:gjumənt]	Argument, Begründung; Streit	! **argument** = **1.** Argument – There are good **~s** for and against this idea. **2.** Streit – Mum and Dad had an ~ last night. Mum shouted a lot.
	(to) **blame** sb. **(for)** [bleɪm]	jm. die Schuld geben (an); jm. Vorwürfe machen (wegen)	Don't ~ me. It wasn't my mistake.
p.72/A7	(to) **make a point**	ein Argument vorbringen	He **made** some interesting **~s** in the discussion.
	(to) **disagree (with)** [ˌdɪsə'gri:]	nicht übereinstimmen (mit); anderer Meinung sein (als)	I thought it was a good point, but the others **~d**. (to) **disagree** ◄► (to) **agree**
p.73/A8	**leader** ['li:də]	Leiter/in, (An-)Führer/in	
	microphone ['maɪkrəfəʊn]	Mikrofon	! Aussprache: **microphone** ['maɪkrəfəʊn] *French:* le microphone
	each other [i:tʃ‿'ʌðə]	einander, sich (gegenseitig)	Paul likes Linda and Linda likes Paul. = Paul and Linda like **each ~**.
p.73/A9	**chorus** ['kɔ:rəs]	Refrain	! German „Chor" = English **choir** ['kwaɪə]
p.76/P1	**per cent (%)** [pə'sent]	Prozent	Twenty ~ ~ of two hundred is forty. *French:* pour cent
	per [pɜ:, pə]	pro	50 miles ~ hour = 50 miles an hour

	kilogram ['kɪləgræm], **kilo** ['kiːləʊ] **(kg)**	Kilogramm, Kilo	We need two **kilograms/kilos of** oranges for the orange juice.

a 90-kilogram bear / a 14-hour flight / ...

a **90-kilogram** bear	ein 90 Kilogramm schwerer Bär
a **ten-kilometre** walk	eine Zehn-Kilometer-Wanderung
a **14-hour** flight	ein 14-stündiger Flug, ein 14-Stunden-Flug
a **24-hour** supermarket	ein Supermarkt, der 24 Stunden geöffnet ist
a **two-week** holiday	ein zweiwöchiger Urlaub

! Im Englischen steht das Nomen im Singular:

a **14-hour** flight
(*nicht:* a 14-~~hours~~ flight)

p.76/P2	**(in)tolerant** ['tɒlərənt], [ɪn'tɒlərənt]	(in)tolerant	! Betonung: **tolerant** ['tɒlərənt] **intolerant** [ɪn'tɒlərənt]
	relaxed [rɪ'lækst]	locker, entspannt	
p.77/P4	**rule** [ruːl]	Regel, Vorschrift	I don't understand the game. Can you explain the **~s**, please?
p.77/P6	**crazy** ['kreɪzi]	verrückt	You want to go out in this rain? You must be **~**.
p.78/P8	**strike** [straɪk]	Streik	! (to) **be on strike** = streiken, sich im Streik befinden (to) **go on strike** = streiken, in den Streik treten

p.78/P9

Reflexiv im Deutschen – nicht reflexiv im Englischen

(to) **calm down**	sich beruhigen	(to) **prepare**	sich vorbereiten
(to) **clean one's teeth**	sich die Zähne putzen	(to) **refer to**	sich beziehen auf
(to) **feel**	sich fühlen; sich anfühlen	(to) **relax**	sich entspannen, sich ausruhen
(to) **get dressed**	sich anziehen	(to) **remember sth.**	sich an etwas erinnern; sich etwas merken
(to) **hide**	sich verstecken	(to) **sit down**	sich hinsetzen
(to) **imagine sth.**	sich etwas vorstellen	(to) **turn**	sich umdrehen
(to) **meet**	sich treffen	(to) **wonder**	sich fragen
(to) **move**	sich bewegen	(to) **worry**	sich Sorgen machen
(to) **open**	sich öffnen		

p.79/P10 **walrus** ['wɔːlrəs] — Walross

blanket ['blæŋkɪt] — Decke *(zum Zudecken)*

a **walrus** in a **blanket**

p.80/P13 (to) **brainstorm** ['breɪnstɔːm] — brainstormen *(so viele Ideen wie möglich sammeln)* — (to) collect as many ideas as possible

silly ['sɪli] — albern, dumm — Maybe this is a ~ question, but can dogs understand different languages?

(to) **revise** [rɪ'vaɪz]	überarbeiten; wiederholen	**!** (to) **revise** = **1.** überarbeiten – (to) ~ an essay, a text, a story **2.** wiederholen – (to) ~ vocabulary, grammar, ... *French:* réviser
spelling ['spelɪŋ]	(Recht-)Schreibung, Schreibweise	Remember to check your ~ when you revise a text.

Two bear attacks

p.81	(to) **camp** [kæmp]	zelten	We asked the farmer if we could ~ in his field.
	while [waɪl]	während	Somebody stole my bike ~ I was in the shop.
	(to) **escape (from** sb./sth.**)** [ɪ'skeɪp]	fliehen (vor jm./aus etwas); entkommen	A lion **~d from** its cage at London Zoo last night. The thief **~d** in a fast sports car.
	(to) **warn** sb. **(about** sth.**)** [wɔːn]	jn. (vor etwas) warnen	The doctor **~ed** him **about** the dangers of smoking.
p.82	(to) **paddle** ['pædl]	paddeln	
	rapids *(pl)* ['ræpɪdz]	Stromschnellen	

They're **paddling** through the **rapids.**

Unit 5: A teen magazine

pp.88/89	(to) **announce** [ə'naʊns]	ankündigen, bekanntgeben	The form teacher **~d** the names of the winners. verb: (to) **announce** – noun: **announcement** *French:* annoncer
	That's up to you.	Das liegt bei dir. / Das kannst/musst du (selbst) entscheiden.	Will I be on the football team? – **That's ~ ~ you**. If you practise hard, you'll have a good chance.
	section ['sekʃn]	Abschnitt, Teil, (Themen-) Bereich	! Betonung auf der 1. Silbe: <u>**sec**</u>**tion** ['sekʃn] *French:* la section
	editor ['edɪtə]	Redakteur/in	
	(to) **produce** [prə'dju:s]	produzieren, herstellen	Germany **~s** millions of cars every year. *French:* produire
	(to) **publish** ['pʌblɪʃ]	veröffentlichen	J. K. Rowling **~ed** her first Harry Potter book in 1997. *French:* publier
	drawing ['drɔ:ɪŋ]	Zeichnung	verb: (to) **draw** – noun: **drawing**
	(to) **contact** sb. ['kɒntækt]	sich mit jm. in Verbindung setzen; mit jm. Kontakt aufnehmen	If you want to ~ me, you can phone me or send me an e-mail. ! Betonung auf der 1. Silbe: <u>**con**</u>**tact** ['kɒntækt]
	office ['ɒfɪs]	Büro	Dad works in a factory and mum works in an ~.

success [sək'ses]	Erfolg	The party was a big **~**. Everybody enjoyed it. *French:* le succès
successful [sək'sesfl]	erfolgreich	The band was very **~** in the UK, but not in Canada or the US.
headphones *(pl)* ['hedfəʊnz]	Kopfhörer	
monitor ['mɒnɪtə]	Bildschirm, Monitor	
How do they **feel about ...?**	Was halten sie von ...?	I don't like Jim's friends. **How** do you **~ ~** them?
p.90 (to) **skim** a text **(-mm-)** [skɪm]	einen Text überfliegen *(um den Inhalt grob zu erfassen)*	
useful ['ju:sfl]	nützlich	If you don't know a city well, it's ~ to have a street map.
main [meɪn]	Haupt-	the **~** idea = the most important idea
bold print [ˌbəʊld 'prɪnt]	Fettdruck	The names of cities with over a million people are in **bold ~** on this map.
caption ['kæpʃn]	Bildunterschrift	

(to) **wake up** [ˌweɪk‿ˈʌp], **woke** [wəʊk], **woken** [ˈwəʊkən]	aufwachen	Yesterday I didn't ~ ~ till 8 o'clock and was late for school.
(to) **wake** sb. **(up), woke, woken**	jn. (auf)wecken	This morning my mother **woke** me ~ at 7.

(radio, pop) station [ˈsteɪʃn]	(Radio-, Pop-)Sender	
so that	sodass, damit	I'm saving money ~ ~ I can buy a new bike.
silence [ˈsaɪləns]	Stille; Schweigen	There was ~ when the teacher walked into the classroom. *French:* le silence

p. 91 **riddle** [ˈrɪdl]	Rätsel	
leather [ˈleðə]	Leder	
pipe [paɪp]	Pfeife	

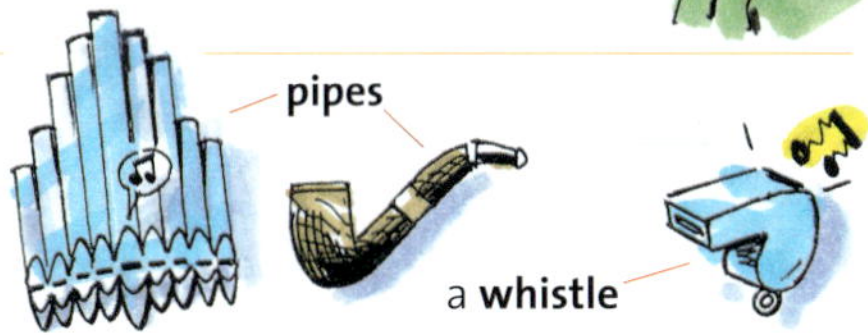

(to) **stick out of** sth. [stɪk], **stuck, stuck** [stʌk]	aus etwas herausragen, herausstehen	A long pipe **stuck ~ of** the old man's mouth.
(to) **keep** [kiːp], **kept, kept** [kept]	(be)halten; aufbewahren	**Keep** your eyes open when you're on the road. You can ~ the book, I don't need it any more. Where do you ~ your drawings? – In my dossier.

(to) **squeeze** [skwiːz]	drücken; (aus)pressen	She said thank you and **~d** my arm. For one glass of juice, ~ three or four oranges. 
(to) **settle down** [ˌsetl 'daʊn]	sich eingewöhnen	Have you **~d down** at your new school yet?
(to) **be good at** sth.	gut in etwas sein; etwas gut können	(to) **be good at** sth. ◄► (to) **be bad at** sth.
(to) **decide (on)** [dɪ'saɪd]	beschließen; sich entscheiden (für)	Have you **~d** what project you would like to do? We've **~d on** a project about Toronto. (= We've **~d** to do a project about Toronto.) *French*: décider
age [eɪdʒ]	Alter	I'm 14. What ~ are you? – 15. At the ~ of 28, my cousin got a job – at last.
(to) **be sold out**	ausverkauft sein, vergriffen sein	The concert tickets **were ~ out** in only three hours.
p.92 **vacation** [və'keɪʃn, *AE*: veɪ'keɪʃn] *(AE)*	Urlaub, Ferien	= *BE* holiday
(to) **get** sth. **off the ground**	etwas auf den Weg bringen; etwas auf die Beine stellen	

	(to) **have a crush on** sb. [krʌʃ]	in jn. verknallt sein	Look, he's smiling at you again. I think he **has a ~ on** you.
	that far/good/bad/...	so weit/gut/schlecht/...	I knew you could sing, but I didn't know you were ~ **good**. (= so good)
	least [liːst]	am wenigsten	Which article do you like best, and which do you like ~?
p.93/P1	**album** ['ælbəm]	Album	
	bagpipes *(pl)* ['bægpaɪps]	Dudelsack	
	career [kə'rɪə]	Karriere	
	musician [mjuː'zɪʃn]	Musiker/in	
	opera ['ɒprə]	Oper	
	record ['rekɔːd]	Schallplatte	
	(to) **record** [rɪ'kɔːd]	*(Musik)* aufnehmen, aufzeichnen	
	(to) **release** [rɪ'liːs]	*(CD, Film usw.)* herausbringen, auf den Markt bringen	
	single ['sɪŋgl]	Single	
	track [træk]	Stück, Titel, Track *(auf einer CD)*	Now we'll hear a ~ from their new album.
	tune [tjuːn]	Melodie	

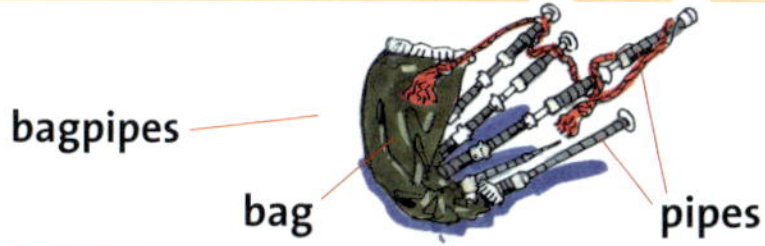

These **musicians** are **recording** a new **album.**

	musical instrument [ˌmjuːzɪkl‿ˈɪnstrəmənt]	Musikinstrument	! Betonung auf der 1. Silbe: **instrument** [ˈɪnstrəmənt]
p.95/P4	(to) **go wrong**	schiefgehen	(to) **go wrong** („schiefgehen“) ◄► (to) **go well** („gutgehen“)
	the night/week/... before	in der Nacht/Woche/... zuvor	She went back to work last Monday although she had been very ill **the week ~**.
p.96/P6	**biography** [baɪˈɒgrəfi]	Biografie	! Betonung auf der 2. Silbe: **biography** [baɪˈɒgrəfi] *French:* la biographie
	company [ˈkʌmpəni]	Firma, Gesellschaft	
	copy [ˈkɒpi]	Exemplar	I haven't got the book in German, but I've got an English **~**.
	capital letter [ˌkæpɪtl ˈletə]	Großbuchstabe	CAPITAL LETTERS
	tense [tens]	(grammatische) Zeit, Tempus	

Irregular verbs

Infinitive	Simple past form	Past participle	
(to) **be**	**was/were**	**been**	sein
(to) **beat**	**beat**	**beaten**	schlagen; besiegen
(to) **become**	**became**	**become**	werden
(to) **begin**	**began**	**begun**	beginnen, anfangen (mit)
(to) **blow**	**blew**	**blown**	wehen, blasen
(to) **bring**	**brought**	**brought**	(mit-, her)bringen
(to) **build**	**built**	**built**	bauen
(to) **buy**	**bought**	**bought**	kaufen
(to) **catch**	**caught**	**caught**	fangen; erwischen
(to) **choose** [uː]	**chose** [əʊ]	**chosen** [əʊ]	(aus)wählen; (sich) aussuchen
(to) **come**	**came**	**come**	kommen
(to) **cut**	**cut**	**cut**	schneiden
(to) **do**	**did**	**done** [ʌ]	tun, machen
(to) **draw**	**drew**	**drawn**	zeichnen
(to) **drink**	**drank**	**drunk**	trinken
(to) **drive** [aɪ]	**drove**	**driven** [ɪ]	*(ein Auto)* fahren

(to) **eat**	**ate** [et, eɪt]	**eaten**	essen
(to) **fall**	**fell**	**fallen**	(hin)fallen, stürzen
(to) **feed**	**fed**	**fed**	füttern
(to) **feel**	**felt**	**felt**	(sich) fühlen; sich anfühlen
(to) **fight**	**fought**	**fought**	kämpfen
(to) **find**	**found**	**found**	finden
(to) **fly**	**flew**	**flown**	fliegen
(to) **forget**	**forgot**	**forgotten**	vergessen
(to) **get**	**got**	**got**	bekommen; holen; werden; (hin)kommen
(to) **give**	**gave**	**given**	geben
(to) **go**	**went**	**gone** [ɒ]	gehen, fahren
(to) **grow**	**grew**	**grown**	wachsen; anbauen, anpflanzen
(to) **hang out** *(infml)*	**hung out**	**hung out**	rumhängen, abhängen
(to) **have (have got)**	**had**	**had**	haben, besitzen
(to) **hear** [ɪə]	**heard** [ɜː]	**heard** [ɜː]	hören
(to) **hide** [aɪ]	**hid** [ɪ]	**hidden** [ɪ]	(sich) verstecken
(to) **hit**	**hit**	**hit**	schlagen

Infinitive	Simple past form	Past participle	
(to) **hold**	**held**	**held**	halten
(to) **hurt**	**hurt**	**hurt**	wehtun; verletzen
(to) **keep**	**kept**	**kept**	(be)halten
(to) **know** [nəʊ]	**knew** [njuː]	**known** [nəʊn]	wissen; kennen
(to) **lay** the table	**laid**	**laid**	den Tisch decken
(to) **leave**	**left**	**left**	(weg)gehen; abfahren; verlassen; zurücklassen
(to) **let**	**let**	**let**	lassen
(to) **lose** [uː]	**lost** [ɒ]	**lost** [ɒ]	verlieren
(to) **make**	**made**	**made**	machen; bauen; bilden
(to) **mean** [iː]	**meant** [e]	**meant** [e]	bedeuten; meinen
(to) **meet**	**met**	**met**	(sich) treffen
(to) **pay**	**paid**	**paid**	bezahlen
(to) **put**	**put**	**put**	legen, stellen, *(wohin)* tun
(to) **read** [iː]	**read** [e]	**read** [e]	lesen
(to) **ride** [aɪ]	**rode**	**ridden** [ɪ]	reiten; *(Rad)* fahren
(to) **ring**	**rang**	**rung**	klingeln, läuten

(to) **run**	**ran**	**run**	rennen, laufen
(to) **say** [eɪ]	**said** [e]	**said** [e]	sagen
(to) **see**	**saw**	**seen**	sehen; besuchen, aufsuchen
(to) **sell**	**sold**	**sold**	verkaufen
(to) **send**	**sent**	**sent**	schicken, senden
(to) **set** a trap	**set**	**set**	eine Falle stellen
(to) **shine**	**shone** [ɒ]	**shone** [ɒ]	scheinen *(Sonne)*
(to) **show**	**showed**	**shown**	zeigen
(to) **shut up**	**shut**	**shut**	den Mund halten
(to) **sing**	**sang**	**sung**	singen
(to) **sit**	**sat**	**sat**	sitzen; sich setzen
(to) **sleep**	**slept**	**slept**	schlafen
(to) **speak**	**spoke**	**spoken**	sprechen
(to) **spend**	**spent**	**spent**	*(Zeit)* verbringen; *(Geld)* ausgeben
(to) **stand**	**stood**	**stood**	stehen; sich (hin)stellen
(to) **steal**	**stole**	**stolen**	stehlen
(to) **stick**	**stuck**	**stuck**	herausragen, herausstehen

Infinitive	Simple past form	Past participle	
(to) **swim**	**swam**	**swum**	schwimmen
(to) **take**	**took**	**taken**	nehmen; (weg-, hin)bringen; dauern, *(Zeit)* brauchen
(to) **teach**	**taught**	**taught**	unterrichten, lehren
(to) **tell**	**told**	**told**	erzählen, berichten
(to) **think**	**thought**	**thought**	denken, glauben, meinen
(to) **throw**	**threw**	**thrown**	werfen
(to) **understand**	**understood**	**understood**	verstehen
(to) **upset**	**upset**	**upset**	ärgern, kränken, aus der Fassung bringen
(to) **wake** up	**woke**	**woken**	aufwachen; wecken
(to) **wear** [eə]	**wore** [ɔː]	**worn** [ɔː]	tragen *(Kleidung)*
(to) **win**	**won** [ʌ]	**won** [ʌ]	gewinnen
(to) **write**	**wrote**	**written**	schreiben

Auf den folgenden Seiten stehen ein paar Tipps, wie du Vokabeln lernen kannst.
Am besten, du probierst jede Möglichkeit aus, dann weißt du, welche für dich am besten ist.

Vokabeln lernen mit dem Vokabeltaschenbuch (oder dem Vocabulary in deinem Englischbuch)

Schritt 1:

- Lies das englische Wort laut. (Aussprache und Betonung sind in den eckigen Klammern angegeben.)
- Lies dann die deutsche Übersetzung in der mittleren Spalte.
- Beachte auch die Beispielsätze oder sonstigen Hinweise in der rechten Spalte.

Schritt 2:

Überprüfe Zeile für Zeile, ob du die Wörter weißt:

- Deck die mittlere Spalte ab und sag die deutsche Übersetzung.
- Nun deck die linke und die rechte Spalte ab. Sag die englischen Wörter und – wenn du kannst – auch den Beispielsatz.

So kannst du dir eine Lernhilfe zum Abdecken der Spalten basteln:

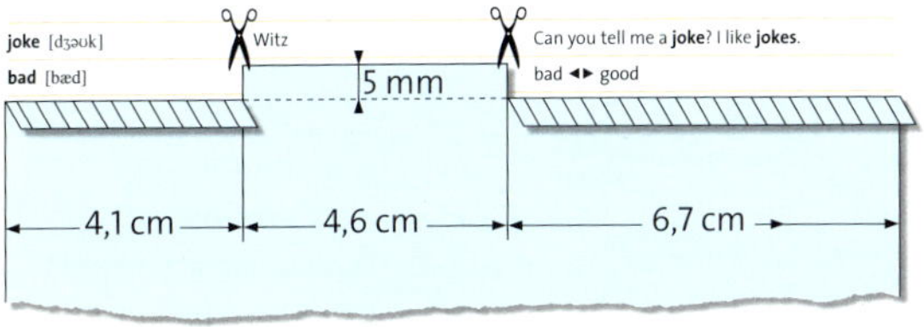

englisch – deutsch

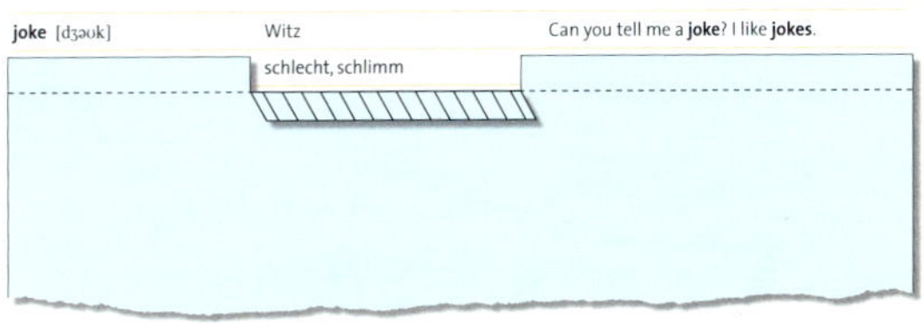

deutsch – englisch

Tipps

- Lerne immer 7–10 Wörter auf einmal.
- Lerne Vokabeln regelmäßig – lieber jeden Tag 5–10 Minuten als einmal pro Woche zwei Stunden.
- Wiederhole „alte" Vokabeln einmal pro Woche.
- Es macht mehr Spaß, wenn du mit jemandem zusammen lernst. Fragt euch z.B. gegenseitig ab.

Abschreiben erwünscht!

Besonders gut behältst du Vokabeln, wenn du sie aufschreibst. Es gibt mehrere Möglichkeiten:

■ **Dreispaltiges Vokabelheft**

Leg ein Vokabelheft (mindestens DIN A5) mit drei Spalten an:

- **Spalte 1:** das englische Wort
- **Spalte 2:** die deutsche Übersetzung
- **Spalte 3:** Beispielsätze (aus dem Vocabulary, aus der Unit deines Englischbuchs, ...) oder Bilder.

Lies dir am Ende noch einmal laut vor, was du geschrieben hast.

■ **Elektronisches Wörterverzeichnis**

Es gibt Computerprogramme, die dich beim Üben und Wiederholen wie ein „Vokabeltrainer" unterstützen. Du kannst dazu dein *e-Workbook* und den *English Coach* benutzen.

■ **Karteikarten**

Auf die Vorderseite schreibst du das englische Wort mit einem Beispielsatz, auf die Rückseite die deutsche Übersetzung. Diese Karteikarten kannst du in einem Karteikasten sammeln (siehe nächste Seite).

Vorderseite Rückseite

Alles im Kasten – Vokabeln lernen mit einem Karteikasten

In einer Pappschachtel, die du in fünf unterschiedlich große Fächer unterteilst, kannst du deine Karteikarten aufbewahren.

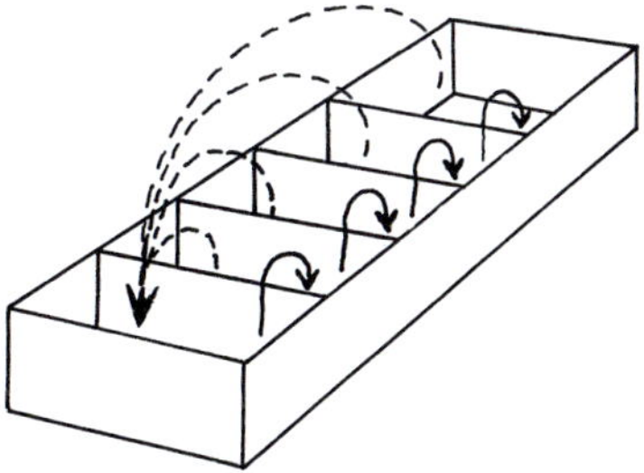

- Die beschrifteten Karteikarten kommen in das erste Fach. Ist das Fach voll, dann nimm den Packen heraus und prüfe, ob du die Vokabeln kannst.
- Vokabeln, die „sitzen“, kommen in das nächste Fach. Vokabeln, die du nicht kannst, steckst du immer zum Wiederholen ins erste Fach zurück.
- Immer wenn ein Fach zu voll ist, überprüfe, wie gut du die Vokabeln dort beherrschst. Steck die Karten ein Fach weiter oder zum Wiederholen zurück in Fach 1.
- Wenn du Vokabeln, die im 5. Fach angekommen sind, nach einiger Zeit immer noch beherrschst, kannst du sie herausnehmen, denn: **Fünfmal gekonnt ist wirklich gekonnt!**

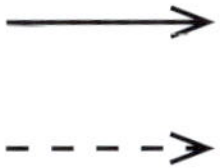

Ordnen und gruppieren

Du behältst neue Vokabeln leichter, wenn du sie ordnest und in Gruppen lernst.
Auch hier gibt es wieder mehrere Möglichkeiten:

- **Gegensatzpaare**, z.B.

  old-fashioned – **modern**,
  spicy – **mild**,
  (to) push – **(to) pull**,
  (to) open – **(to) close**.

- **Wortfelder** – dabei schreibst du alle Wörter, die zu einem Wortfeld gehören, unter ihrem Oberbegriff (**group word**) auf.

SCHOOL

subjects	sports	things
Maths	tennis	book
Art	football	pencil
Geography	...	...
...		

- ***Networks*** („Wörternetze").

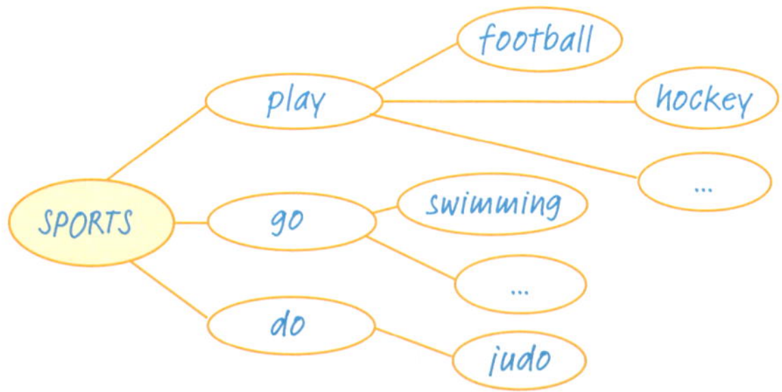

English G 21 • Band B 3
Vokabeltaschenbuch

Im Auftrag des Verlages herausgegeben von
Prof. Hellmut Schwarz, Mannheim

Erarbeitet von
Uwe Tröger, Hannover

unter Mitarbeit von
Dr. Philip Devlin, Berlin
sowie
Joachim Blombach, Herford;
Helmut Dengler, Limbach
(S. 59–62: Vokabeln lernen)

Illustration
Roland Beier, Berlin

Titelbild
Alamy, Abingdon (London Eye (M):
Ian MacPherson); Corbis, Düsseldorf (bus (M):
Royalty-Free); IFA-Bilderteam, Ottobrunn
(Union Jack: Jon Arnold Images)

Layoutkonzept
Korinna Wilkes

Technische Umsetzung
Stephan Hilleckenbach, Berlin;
Ina Hillmann

Umschlaggestaltung
Klein & Halm Grafikdesign, Berlin

www.cornelsen.de
www.EnglishG.de

Dieses Werk berücksichtigt die Regeln der reformierten Rechtschreibung und Zeichensetzung.

1. Auflage, 4. Druck 2015

Alle Drucke dieser Auflage sind inhaltlich unverändert und können im Unterricht nebeneinander verwendet werden.

Druck: orthdruk, Bialystok

ISBN 978-3-06-031925-1

Inhalt gedruckt auf säurefreiem Papier aus nachhaltiger Forstwirtschaft.